LE FISC

ET SES ASSUJETTIS

NOTIONS DIVERSES

SUR L'IMPOT

1re *Partie* – CONTRIBUTIONS INDIRECTES

BÉZIERS

IMPRIMERIE DU COMMERCE DE P. RIVIÈRE

—

1879

Tout exemplaire non revêtu de la présente griffe sera réputé contrefait :

ERRATA

Page 8, à la 15ᵉ ligne, *lire* : transvasion et non pas transaction.

Page 10, 12ᵉ ligne, *lire* : d'après la décision.

Page 59, dernière ligne, *lire* : déduit.

Page 61, 11ᵉ ligne, *lire* : dépassant de plus de un pour cent.

Page 85, 11ᵉ ligne, *lire* : chicorée torréfiée.

Page 119, 6ᵉ ligne, *lire* : astreint.

N.-B. — L'impôt sur la chicorée est supprimé. — Les remises des buralistes ont subi des modifications.

LE FISC

ET SES ASSUJETTIS

NOTIONS DIVERSES

SUR L'IMPOT.

1re *Partie* — Contributions Indirectes

BÉZIERS,

IMPRIMERIE DU COMMERCE DE P. RIVIÈRE

—

1879.

PRÉFACE

—

Qui n'a pas, de fait ou par hazard, été l'assujetti de la Régie? Qui n'a pas, ou ne court pas le risque d'avoir, des démêlés avec elle? Par soi-même ou par les siens, on aura tôt ou tard maille à partir avec la Régie, si on ne se met pas, en passant, un peu au courant de son organisation inextricable.

Elle a posé ses mains sur tout :

Sur les premières gouttes de chicorée absorbées par l'enfant qui vient de naître, la Régie a prélevé son impôt; la bougie qui éclaire le berceau de votre enfant, le sucre qui adoucit ses aliments, le sel qui excitera son appétit, le collier d'argent que vous mettez à son cou, tout ce qui l'entoure, en un mot, a payé sa dîme à la Régie.

Adolescent, la première bouteille de vin généreux, la première chope de bière qu'il absorbera, ont aussi payé leur impôt.

Jeune homme, la poudre dont il bourre son fusil, a supporté l'impôt indirect. Et, s'il met les pieds dans un cabaret, le café qu'on lui sert, la bière, les liqueurs, le tabac, le papier dans lequel il enroule si nonchalamment sa ciga-rette, l'allumette même qui lui sert à l'enflammer ont aussi payé leur impôt à la Régie.

Quel bouquin est-il désormais plus utile que celui qui traite de l'Impôt Indirect.

CHAPITRE Ier

VINS, CIDRES ET AUTRES BOISSONS ORDINAIRES

---

1. — *Débitants exercés, qui débitent des vins d'achat.*

On appelle débitants exercés, tous les détaillants de boissons (aubergistes , cafetiers, limonadiers, buvetiers , etc.), qui sont soumis aux exercices quotidiens de la Régie.

Les débitants abonnés, nous le verrons plus loin, ne sont pas assujettis aux visites journalières des employés.

Les débitants exercés paient, à la fin de chaque trimestre, les droits sur les quantités uniquement consommées: c'est le droit à la vente en détail.

Ce droit est perçu à raison de quinze pour cent du prix de vente sur les vins, cidres, poirés et hydromels.

Défalcation faite du trois pour cent, accordé au débitant, sur le quinze pour cent qui est perçu, il est ajouté à ce droit deux décimes et demi.

Le prix doit être déclaré par le débitant; les employés peuvent en constater l'inexactitude, la loi les autorise à discuter la déclaration, mais elle ne pose aucune limite, au-dessous de laquelle cette déclaration ne puisse être reçue.

La boisson composée de pruneaux et de raisins secs peut être imposée comme le vin naturel.

Les boissons fabriquées avec des pommes ou des poires concassées ou avec du raisin foulé ne peuvent être considérées comme râpé.

Les vins de pêches, d'abricots, de fraises, de framboises etc., légèrement alcoolisés, sont aussi imposés comme vins naturels.

Aucune loi n'affranchit la piquette des droits de circulation et de détail.

Les boissons factices , vendues en détail par des débitants et composées généralement d'eau , de cassonnade et d'eau-de-vie ou de vinaigre, ne sont pas imposées.

Ces boissons sont souvent destinées aux classes nécessiteuses.

Les vins de pineaux, de cassis, ratafia, vin doux, carthagène, clairet, etc., désignés aussi sous le nom de vins cuits, sont imposés comme les vins ordinaires.

Mais si ces vins étaient surchargés d'alcool , s'ils avaient plus de quinze degrés. ils paieraient le double droit de consommation. *(Voir alcools Chapit. II)*.

S'ils dépassaient vingt-un degrés, ils seraient imposés comme alcool pur.

Nous avons dit que tous les vins supportaient, chez le débitant, un impôt proportionnel au prix de la vente en détail.

Les dits prix doivent être inscrits tant sur les registres des employés que sur une affiche apposée par les débitants dans le lieu le plus apparent de leur domicile.

Cette affiche leur est fournie par la Régie : le prix en est fixé à dix centimes.

Les débitants abonnés sont dispensés de cette obligation.

Les employés ne peuvent jamais fixer le prix de vente arbitrairement et d'office.

La loi leur fournit le moyen de discuter la déclaration du prix de vente, mais elle ne pose aucune limite au-delà de laquelle cette déclaration ne puisse être reçue.

L'usage des bouteilles n'est interdit par aucune loi.

La transaction des boissons dans ces vases est autorisée.

On peut déclarer deux prix de vente pour une même boisson : l'un, pour les quantités consommées sur place ; l'autre, pour celles vendues à emporter. Dans ce cas, la Régie a tout intérêt à conclure un abonnement.

Le débitant qui prétend ne vendre en détail et qui ne vend en effet, qu'une seule espèce de boisson, ne peut, sans re en contradiction avec lui-même, et manquer à la vérité, déclarer aux employés un prix de vente pour les autres boissons qui sont en sa possession, mais qui servent à sa consommation personnelle, et ne sont pas l'objet d'un commerce de sa part. La Régie n'a aucun moyen coërcitif contre ce débitant pour obtenir cette déclaration, et le refus que fait ce dernier ne peut le constituer en contravention, puisqu'il ne se refuse qu'à une chose qu'on n'a pas le droit d'exiger. Ce n'est pas le cas non plus de recourir, comme on le verra plus loin, au Maire de la localité, parce que l'intervention de ce magistrat n'a pour objet que de régler la quotité d'un prix de vente déclaré par le débitant, et que la Régie prétendrait être inférieur au prix courant dans le pays, mais non de fixer le prix de vente d'une boisson qui n'est pas destinée à être vendue. La Régie ne peut pas, non plus, recourir au prix moyen, parce qu'il faut, avant tout, un fait de vente reconnu, et que c'est précisément le point dénié ou contesté.

En cas de constestation entre la Régie et les débitants relativement à l'exactitude des prix de vente, il en sera référé au Maire de la localité.

Ce dernier prononcera sur le différent, sauf le recours, de part et d'autre, au Conseil de Préfecture, qui statuera dans la huitaine, après avoir pris l'avis du Sous-Préfet et du Directeur de la Régie dans le département.

Le droit sera, pendant les débats, provisoirement perçu après la décision du Maire, sauf rappel ou restitution.

Voilà les premières notions indispensables pour tout détaillant de boissons, muni ou non de l'autorisation préfectorale.

On appelle autorisation préfectorale, la permission préalable accordée par l'autorité administrative à tout propriétaire ou gérant de débit de boissons à consommer sur place.

La Régie ne délivre de licences qu'aux cafés, cabarets ou tous autres débits à consommer sur place, qui sont munis de ladite autorisation.

Les hôteliers, les aubergistes, les restaurateurs, sont dispensés de s'en munir.

L'autorisation est nécessaire au propriétaire, qui vend même accidentellement, du vin de son crû.

Elle ne l'est pas relativement aux hôtels, auberges, buffets de chemins de fer, établissements de traiteur et de rôtisseur, pensions, cantines alimentaires, cantines de grandes usines, cantines de chantiers, en un mot à tous les établissements quelconques donnant à manger.

Elle ne l'est pas, non plus, pour les débits à emporter, pour les débits de casernes, forts, etc.

Les débits de boissons proprement dits, cafés, cabarets, etc., y compris ceux qui sont temporairement ouverts sur les champs de foire, à l'occasion de fêtes, etc., demeurent soumis à l'autorisation préfectorale.

Nul ne peut ouvrir et exploiter plusieurs débits, s'il n'a préalablement obtenu une autorisation particulière pour chaque établissement.

Les débits forains doivent être munis de ladite autorisation : elle leur sera délivrée par le Sous-Préfet, et désignera la période de temps pour laquelle elle sera valable.

Quand un débit, déjà fermé, ouvrira de nouveau, il devra être muni d'une nouvelle autorisation.

Celui qui prend la succession d'un établissement doit exhiber une autorisation qui ne désigne que lui seul, quand même son prédécesseur resterait son associé.

Le débitant qui cesse définitivement, sans transporter à un successeur ses restes en cave, doit payer à la Régie le droit de circulation sur lesdits restes.

Le débitant qui fait gérer, par un fermier, son établissement, doit lui faire obtenir la déclaration d'autorisation préfectorale.

Sur le vu de ladite autorisation, la Régie délivre la licence de débitant.

Le droit de licence étant dû pour le

trimestre entier, à quelque époque que commence ou cesse le commerce, ce droit demeure exigible intégralement pour le trimestre pendant lequel se ferme le débit.

Dès qu'un débitant cesse, il doit le déclarer au bureau de la Régie.

Les employés se rendent chez lui, et procèdent à un inventaire pour reconnaître les ventes et les restes.

Trois mois durant, après la déclaration de cesser du débitant, celui-ci reste encore soumis à la visite des employés.

Le débitant qui a des restes de haute importance, et qui veut les expédier au dehors peut, pendant ces trois mois, se faire décharger des quantités restantes enlevées en vertu d'expéditions de Régie.

Ces trois mois écoulés, l'assujetti de la Régie n'est plus soumis aux visites des employés, sauf le cas où, sur un soupçon de fraude, ces derniers entreraient chez lui avec le maire ou un commissaire de police.

Il faut observer ceci : Toute personne qui exercera la profession de cabaretier, aubergiste, traiteur, restaurateur, maître d'hôtel garni, cafetier, liquoriste, buvetier, débitant d'eau-de-vie, concierge, et autres donnant à manger au jour, et à l'année, et au mois , ainsi que tous autres qui se livreront à la vente en détail des boissons, sont tenus de faire une déclaration à la Régie en commençant ou en cessant leur commerce.

La déclaration faite en commençant est suivie de la délivrance par la Régie de ce qu'on appelle *licence*.

Toute personne exerçant une des professions ci-dessus désignées devra se munir d'une licence, sans qu'il soit besoin d'établir qu'elle se livre au débit des boissons.

Il en est de même de toute société coopérative qui achète des boissons en gros, pour les revendre en détail à ses membres.

Un seul fait de vente de boissons en détail, sans licence, constitue une contravention.

Une ou plusieurs personnes buvant du vin séparément chez un particulier non muni de la licence, le font mettre en contravention.

Un aubergiste qui se borne à loger les voituriers avec leurs chevaux sans donner à boire et à manger doit prendre la licence.

Il en est de même des maîtres d'hôtels garnis.

Le cafetier qui ne débite pas de boissons spiritueuses y est contraint aussi.

On peut encore y ajouter :

Les débitants de bière ;

Les particuliers qui vendent accidentellement ;

Les chefs d'établissement qui fournissent le vin à leurs ouvriers.

En est dispensé tout propriétaire d'une carrière, qui fournit du vin et des aliments à ses ouvriers, quand ces fournitures font partie intégrante du salaire.

Le concierge d'un établissement où il se consomme des boissons, doit se munir d'une licence.

Les pharmaciens qui emploient les boissons comme remèdes ne doivent pas être pourvus d'une licence. Mais s'ils fabriquent des liqueurs qui ne s'emploient pas uniquement comme remèdes ils doivent en être pourvus.

Une fois pourvu de sa licence, le débitant, l'assujetti de la Régie, doit accuser toutes les boissons qu'il possède chez lui ou ailleurs.

Il y aurait recel si l'on devait soustraire à la surveillance de la Régie une partie des boissons qu'on possède.

Tout détaillant doit déclarer les boissons qu'il peut avoir dans des communes environnantes.

La déclaration une fois accomplie, le détaillant de boissons doit indiquer, par une enseigne ou bouchon, sa qualité.

Quand le détaillant ne vend que des alcools, est cafetier, surtout dans les pays de vignobles, on ne tire pas en produit le vin qui sert à la consommation de sa famille.

Dans le Nord, **un** débitant qui ne vend que de l'eau-de-vie n'est pas assujetti au droit de détail pour le cidre qu'il possède.

La Régie consent à ce que, dans ce

cas, une déclaration restrictive soit reçue pour les vins de médiocre qualité destinés à la consommation de la famille.

Toutes ces déclarations, reçues par les employés, sont inscrites par eux sur les registres de l'administration. Sur ces registres sont aussi transcrits les différents résultats des visites opérées par la Régie.

Le débitant peut aussi avoir un registre où il inscrira ces résultats.

Ce registre peut être sur papier libre. Il sera coté et paraphé par le juge de paix et les commis seront tenus d'y consigner le résultat de leurs exercices et les paiements qui auront été faits, ou de mentionner dans leurs registres d'administration, le refus qu'aura fait le débitant de se munir du dit registre ou de le représenter.

Les détaillants de boissons n'auront chez eux que des vaisseaux de plus d'un hectolitre, à moins qu'une autorisation spéciale ne leur soit délivrée à ce sujet.

Ils ne devront jamais se servir de cruches pour renfermer leurs boissons.

Mais ils peuvent recevoir des vins en caisses ou paniers de vingt-cinq bouteilles et au-dessus.

La Régie ne s'oppose pas à ce qu'un débitant tire des boissons de plus de trois pièces à la fois.

Elle permet aussi la transvasion en bouteilles hors de la présence des employés, pourvu qu'une déclaration verbale en soit faite à ces derniers.

Lors de la récolte, le débitant qui fabrique des vins ou des piquettes doit faire une déclaration au bureau de la Régie.

Cette déclaration est inutile, si le débitant fabrique les vins de son crû, ou opère un brassage de cidres.

Mais les vins ou cidres nouvellement fabriqués ne doivent pas, hors de la présence des employés, servir à faire le plein des fûts en vidange.

Dans les villes ouvertes, et où il existe un bureau central, les conducteurs doivent diriger leurs chargements vers ce bureau.

Si le débitant veut vendre des boissons

en gros, il ne le peut qu'en se servant de futailles contenant au moins un hectolitre, et en faisant opérer la démarque de ces futailles par les commis.

Mais le débitant qui a en même temps une cave de dépôt, un magasin de gros, peut s'expédier à lui-même n'importe qu'elle quantité, avec des acquits-à-caution.

Le débitant de boissons ne peut faire de remplissages sur aucun tonneau marqué ou démarqué, hors de la présence des employés.

Il ne peut opérer de transvasions en leur absence, même des transvasions partielles. Il n'est fait d'exception que pour les transvasions en bouteilles, comme nous l'avons dit plus haut.

Mais si les bouteilles sont transvasées dans un fût, les employés assistent à cette transvasion.

Une fois vides, les futailles ne sont enlevées du débit que quand les employés les ont démarquées, à moins qu'elles aient été débitées sans que les commis les aient déjà marquées.

Si, parmi des bouteilles pleines, les employés en trouvent de vides, ce fait ne constitue pas une contravention, quand même le débitant aurait opéré une substitution.

Le débitant peut couper ses boissons entr'elles en avertissant les employés.

Mais il ne peut les couper avec de l'eau : tout vin contenant vingt centièmes d'eau met le débitant sous le coup de peines sévères.

Il en est de même de tout mélange de vins corrompus.

Tout coupage ou mélange régulier sera fait en présence des employés, après la déclaration qui leur en aura été faite par le débitant.

Si le coupage n'est pas accusé aux employés, le débitant fait sa déclaration au bureau de la Régie de sa localité.

On déchargera le débitant des quantités de boissons gâtées ou perdues.

Dans les lieux où les employés ne résident pas, si un débitant perd des boissons, à la suite d'un accident, le buraliste est appelé par le débitant et il constate le fait.

S'il n'y a pas de buraliste, le maire ou l'adjoint seront appelés.

Le débitant exercé ne peut augmenter ni diminuer le degré de ses eaux-de-vie, hors de la présence des employés

Mais comme l'alcool éprouve un affaiblissement naturel, opéré à la longue, les employés, s'ils reconnaissent une faible diminution dans la force alcoolique ne peuvent pas verbaliser.

C'est aussi en la présence des commis, que le débitant verse du vin sur le râpé de raisin.

Mais il ne peut avoir qu'un seul râpé de trois hectolitres au plus, et pourvu qu'il ait en cave au moins trente hecto-litres de vin.

Si le débitant réside dans une ville sujette à des droits d'entrée, il est tenu de produire aux employés les quittances de ces droits.

Le débitant doit déclarer aux employés les boissons qu'il a reçues depuis leur dernière visite et leur exhiber les expéditions, acquits, congés ou passavants, quittances d'octroi etc., etc.

A leur première visite, il représente sa licence et les employés dressent leur premier inventaire, marquent, jaugent et numérotent ses futailles.

S'ils soupçonnent le débitant de faire une fausse déclaration, ils peuvent visiter toutes les parties de sa maison, en sa présence, à moins que des baux authentiques ne soient représentés par le débitant.

Dès qu'une pièce est vide, ils peuvent en exiger le droit de la vente en détail.

Si, lorsque les employés jaugent une futaille, on en conteste le résultat, on peut requérir qu'il soit fait un nouveau jaugeage, en présence d'un officier public, par un expert que nomme le juge de paix, et dont il reçoit le serment. La Régie peut faire vérifier l'opération par un contre-expert, qui est nommé par le Président du tribunal d'arrondissement. Les frais de l'une et de l'autre vérification sont à la charge de la partie qui a élevé mal à propos la contestation.

S'il existe une grande différence de qualité entre le vin trouvé dans un broc chez le débitant, et celui de la pièce prise en charge, il y a contravention.

Si les domestiques du débitant introduisent du vin chez lui, et rien que pour leur usage, ils le mettent en contravention.

L'exhibition d'un congé à leur adresse ne sert de rien, à moins que l'introduction ne se fasse chez des locataires du débitant, munis de baux authentiques.

Tout redevable qui reçoit des eaux-de-vie qui ne sont pas conformes à l'acquit, n'est pas mis en cause dans le procès-verbal des employés.

L'expéditeur est poursuivi, et non le destinataire.

Tout débitant qui est convaincu d'avoir chez un voisin ou chez un locataire, caché des boissons qui n'appartiennent qu'à lui, encourt une amende, et le voisin une autre.

Toutes les boissons qui lui appartiennent, soit chez lui, soit ailleurs sont présumées devoir servir à l'alimentation de son débit et, par suite, passibles des droits.

Si le locataire du débitant, n'est pas lui-même débitant de boissons, il n'est pas obligé de passer un bail, mais le débitant, s'il y a recel, subit seul les conséquences du défaut de bail.

Tout bail fait sous-seing privé, fût-il enregistré, ne lève pas la contravention: à défaut de bail authentique, toutes les boissons renfermées dans un appartement loué, mais communiquant avec celui du débitant, sont présumées lui appartenir.

Surtout, si les dites boissons sont renfermées dans des fûts que la Régie aura eu marqués dans le temps.

Surtout, encore, si le débitant a, sur une muraille de son débit, appendues des clefs ouvrant l'appartement loué.

Nous n'avons pas dit ce qu'on entend par bail authentique; le voici :

Un bail authentique est un acte passé devant un officier public, un notaire, et dûment enregistré.

Mais si, malgré le bail authentique,

un procès - verbal constate affirmativement qu'un débitant a recélé des boissons hors de son domicile dans une cave dépendant d'une maison dont il est le propriétaire, ce débitant est en contravention.

Dans tous les cas, c'est sur la demande des employés, ou plutôt au moment de leur exercice, que doivent être représentés les baux authentiques, qui font cesser la présomption que les boissons trouvées dans les caves ou appartements loués appartiennent à ce débitant.

Nous avons déjà dit que toutes les communications de locaux entre eux doivent être scellées, si ces locaux appartiennent à des débitants et à des tiers et s'ils communiquent avec son débit.

Mais s'il y a impossibilité d'interdire les communications, la Régie peut soumettre les voisins du débitant à ses exercices.

Ces voisins paieront même le droit à la vente en détail, si leur consommation apparente est supérieure à leurs facultés.

Néanmoins, les employés ne peuvent procéder à leurs exercices chez les voisins du débitant, sans exhiber un arrêté du Préfet qui les y autorise.

Cette exhibition faite, les voisins du débitant avec le débit duquel on n'aura pu interdire les communications, n'auront qu'à laisser opérer la Régie.

Le débitant est tenu d'ouvrir ses caves et autres appartements aux employés et de les y accompagner.

Ces derniers, toutefois, n'opèreront chez le débitant que pendant le jour, à moins que le débit ne soit encore ouvert au public après la chute du jour.

Chez le débitant exercé, et nous en sommes toujours à ce genre d'assujettis, toutes les opérations de la Régie, faites en présence de la femme, et contradictoirement avec elle, sont aussi légales que s'il y avait le mari.

Le débitant est obligé d'ouvrir les caisses ou armoires, sur la demande des employés.

Quand la femme du débitant fait opposition aux exercices de la Régie, le mari en est responsable.

Les employés dressent alors un procès-verbal pour refus d'exercice.

Il y a aussi refus d'exercice de la part du débitant s'il ne procure pas du vin servi aux buveurs, pour être comparé au vin de la cave.

Le débitant gagne beaucoup à s'abstenir de tout propos injurieux à l'adresse des employés.

Une personne étrangère à son débit, et qui injurie les employés pendant qu'ils se trouvent chez lui, le fait mettre en contravention si elle agit en son nom.

Le débitant, quand il s'absente, doit munir les personnes qu'il laisse chez lui des clefs nécessaires à l'ouverture de ses appartements.

Voilà, à peu près, toutes les notions utiles aux débitants d'achat, c'est-à-dire à ceux qui ne débitent pas des vins de leur crû, et qui sont exercés presque journellement par la Régie.

**2. — *Débitants exercés , qui débitent
des vins de leur crû.***

Tout propriétaire qui voudra vendre
des boissons de son crû, et les vendre
en détail, devra, après en avoir fait la
déclaration à la Régie, indiquer :

1° La quantité de boissons qu'il peut
avoir en sa possession ;

Et 2° celle dont il entend faire la vente
en détail.

Il se soumettra à ne vendre aucune
boisson autre que celle de son crû.

Il pourra fournir à ses clients des
boissons tirées de fûts d'une contenance
supérieure à cinq hectolitres.

Les employés ne soumettront à leurs
visites que le local où se débiteront les
boissons de crû.

Mais le débitant de crû sera soumis,
pour tout le reste, aux mêmes obligations
que le débitant de vins d'achat.

Le débitant de crû peut n'accuser que

les boissons situées dans le local qui servira de lieu de debit.

La boisson qui fera, seule, l'objet d'une vente en détail, sera, seule aussi, prise en charge par les employés, et, seule, paiera le droit de détail sur les manquants constatés par la Régie.

Si, dans la suite, le débitant veut déclarer, soumettre à la vente en détail d'autres boissons, les employés le mentionnent sur leurs registres et dressent un acte conforme à cette déclaration, acte que le débitant doit signer.

Le débitant de crû conserve toute liberté pour la vente en gros des quantités qu'il n'a pas déclaré soumettre à la vente en détail.

Quand le débitant de crû veut souscrire un abonnement réglé à une somme fixe, cet abonnement est accepté par la Régie et n'a pour base que les quantités soumises à la vente en détail.

Tout débitant qui s'abonne à l'hectolitre, pour des boissons de son crû, n'est soumis qu'à de rares visites de la Régie.

Si, en cas de soupçon de fraude, les

employés voulaient visiter les locaux autres que celui où le débitant de crû tient son débit, ils ne le pourraient qu'accompagnés d'un officier de police et avec l'autorisation ou la présence d'un contrôleur ou inspecteur de la Régie.

Généralement, et sauf des motifs tout particuliers, les visites de la Régie, chez ce débitant, cessent dès que le compte est définitivement réglé.

3. — Débitants, autres que ceux énoncés dans les paragraphes, 1 et 2 ci-dessus.

Les débitants forains sont soumis aussi à toutes les formalités précitées.

Ils doivent être munis d'une autorisation préfectorale, faire la déclaration à la Régie, et exhiber leur licence.

Ils peuvent ne pas se rendre au bureau de la Régie pour faire la déclaration de cesser leurs ventes, pourvu que les employés en soient avertis à leur passage.

Le débitant ambulant doit exhiber, à la Régie, toutes les expéditions pour les boissons qu'il possède dans son débit.

Il en est de même de tous les débitants qui s'établissent sur les champs de foire, dans les fêtes, assemblées extraordinaires, etc., etc.

Le débitant forain peut souscrire des abonnements à l'hectolitre, comme le débitant de crû.

Il est des débitants qui réclament la faveur de l'entrepôt. Dans ce cas, ils sont tenus de présenter une caution.

Les cantiniers des troupes doivent remplir toutes les formalités précitées, à moins qu'ils ne soient établis dans les camps, forts ou citadelles, et que, commissionnés du Ministre de la guerre, ils reçoivent seulement des militaires dans leur débit.

Dans les camps de grandes manœuvres, il suffit que les cantiniers soient commissionnés par les généraux ou les colonels.

Dans les magasins, casernes ou corps

de garde, les cantiniers sont soumis aux formalités ordinaires.

Il en est de même des concierges de prisons ou dépôts militaires.

Mais tous individus qui tiennent l'ordinaire des employés des douanes, des troupes de ligne et de gendarmerie, sont affranchis de la licence et des exercices de la Régie.

Les employés de la Régie ne peuvent s'introduire dans les établissements militaires, sans se faire reconnaître au moins par le commandant du poste de service.

4. — *Débitants abonnés*

Dès qu'un débitant se soumettra à payer, par abonnement, l'équivalent du droit de détail, il y sera admis par la Régie.

Un débitant peut être abonné pour une espèce de boisson et exercé pour toutes les autres.

Le débitant abonné est tenu, comme le débitant exercé :

De déclarer toutes les boissons qu'il possède chez lui ou ailleurs;

De désigner le lieu de ses ventes ;

De se munir d'une licence;

D'indiquer par une enseigne, sa qualité de débitant;

De déclarer au bureau de la Régie, les boissons qu'il introduit chez lui;

De représenter ces boissons aux employés;

De les leur faire reconnaître;

De justifier du paiement des droits d'entrée et d'octroi;

De se soumettre à l'inventaire des boissons de leur crû;

De déclarer la fabrication de toutes celles qu'ils travaillent;

D'appeler les employés à l'enlèvement des boissons vendues;

Et enfin, de faire constater, par ces employés, la détérioration ou la perte de celles dont ils veulent obtenir décharge

Les débitants abonnés sont soumis aux autres formalités du débitant exercé, mais ils subissent moins que lui, les visites des employés.

3

Ils doivent, comme les simples consommateurs qui recevraient accidentellement des boissons avec acquit, en faire la déclaration à la Recette buraliste de l'endroit.

Si le débitant abonné possède plusieurs établissements, un abonnement particulier sera souscrit pour chacun d'eux.

Quatre visites annuelles seront faites chez le débitant abonné, par les employés de la Régie.

Si, sur le désir d'un débitant, de s'abonner, la Régie ne se met pas d'accord avec lui, le Conseil de Préfecture fixera le prix de l'abonnement.

Il peut y avoir recours au Conseil d'Etat.

On prend en considération la consommation des années précédentes chez le débitant.

Les abonnements doivent être faits par écrit.

Ils ne sont définitifs qu'après l'approbation de la Régie.

Dès qu'un débitant demandera un abonnement, les employés lui feront des observations sur les conséquences du traité.

Il persistera dans sa demande, et les employés lui feront souscrire une soumission.

Après l'approbation de la Régie, dès que la soumission recevra son effet, les visites journalières chez le débitant cesseront, de la part des employés.

Les soumissions sont faites en double expédition.

Elles seront signées par le débitant ou par un fondé de pouvoir en vertu d'acte authentique.

Mais, si le prix convenu pour l'abonnement est inférieur à cent cinquante francs, la soumission d'un débitant illettré peut être faite verbalement, en présence de deux témoins qui en certifient la sincérité.

Les noms, qualités et demeures des témoins seront indiqués dans l'acte.

Il faut, avons-nous dit, pour un abonnement, qu'il soit tenu compte de la consommation précédente.

On tient compte aussi des circonstances qui ont pu influer sur le débit de l'année précédente ou qui influeront sur la suivante.

Mais on doit aussi faire la part des variations, soit en plus, soit en moins, qui peuvent être pressenties, quant aux prix de vente des boissons habituellement vendues par le débitant.

Les employés sont tenus de défendre fermement les intérêts du Trésor, mais de ne pas léser ceux des débitants.

Il s'agit pour eux d'obtenir l'équivalent des droits donnés par l'exercice journalier, l'équivalent et rien de moins.

Un débitant qui ouvre pour la première fois un débit, doit être admis à l'abonnement, s'il insiste.

Le débitant de crû est généralement admis à souscrire un abonnement à l'hectolitre.

Il peut être abonné pour deux ou trois mois.

Le débitant forain ne peut être abonné qu'à l'hectolitre.

La durée d'un abonnement ne peut **excéder un an.**

Le montant d'un abonnement est payable par mois et d'avance.

L'abonnement peut être résilié, si le débitant se replace sous le régime des exercices journaliers.

Il est révoqué de plein droit par la Régie, s'il y a fraude, et si la fraude est dûment constatée.

Il y a résiliation d'office si le débit est fermé par autorité de justice.

Dans ce dernier cas, le prix de l'abonnement est exigible au prorata du temps écoulé, jusques et y compris la veille du jour où la fermeture est exécutée.

Tout abonné qui cesse le commerce doit les droits sur les quantités qui lui restent, et il demeure soumis à la Régie pendant les trois moins suivants.

Si, dans une ville, le conseil municipal fait la demande d'un abonnement général, la Régie doit le souscrire.

Cet abonnement général représentera le montant des droits de détail et de circulation dans l'intérieur.

Il sera discuté entre les conseils municipaux et le Directeur de la Régie ou ses délégués.

Le Préfet et le Directeur Général de la Régie donnent leur avis.

Là-dessus vient l'approbation ministérielle, après quoi l'abonnement général s'exécute.

Dans toutes les villes où il existe un abonnement général, l'exercice journalier des employés est supprimé.

Quand l'abonnement remplace seulement le droit de détail par exercices, il peut être réparti sur la totalité des débitants de la commune.

Il prend alors le nom d'abonnement par corporation.

Ce genre d'abonnement une fois admis, les abonnements individuels doivent être annulés.

Pour l'obtenir, il faut que les deux tiers des débitants de la commune le demandent.

Il faut que leur demande soit approuvée par le conseil municipal.

Le Maire la notifie au directeur de la Régie.

Cet abonnement se discute ensuite entre les débitants ou leurs délégués et le chef de service de la Régie, tous assistés du maire et d'un conseiller.

Le conseil de préfecture prononce, s'il n'y a pas entente entre les intéressés

Toute demande d'abonnement par corporation formée après le 1er janvier est rejetée.

Les syndics procèdent en présence du maire ou de son délégué à la répartition de la somme à imposer entre tous les débitants.

Les débitants seront solidaires pour le paiement des sommes portées aux rôles.

Nul ne pourra, comme nouveau débitant, s'établir dans la commune abonnée par corporation, s'il ne remplace un autre débitant de la corporation.

Mais l'un quelconque des débitants anciens conserve, s'il veut en user, le droit d'ouvrir un autre débit tant qu'il y a des vacances dans la corporation.

Si quelque débit clandestin vient à s'ouvrir, la Régie fait des poursuites à

la requête des débitants et les amendes
sont opérées à leur profit.

L'abonnement général et l'abonnement par corporation ne dispensent que
du droit à la vente en détail.

Le droit d'entrée doit être payé, et
justification doit en être faite aux employés.

Il est perçu un droit d'entrée sur les
boissons dans toutes les villes ayant
quatre mille âmes de population agglomérée.

Le droit d'entrée est exigible au moment de l'introduction dans la commune
ou à l'enlèvement des entrepôts.

Il doit l'être immédiatement si le conducteur ne réclame pas un passe-debout
et si cette réclamation n'est pas fondée.

Il doit l'être à la sortie d'un entrepôt
chaque fois que le destinataire est dans
la commune même, à titre de simple
débitant ou consommateur.

Les vendanges et les fruits à cidre
ou à poiré sont soumis aux droits d'en -
trée, à raison de trois hectolitres de
vendange pour deux hectolitres de vin,

et de cinq hectolitres de pommes ou poires pour deux hectolitres de cidre ou poiré.

Les boissons dites piquettes, ne sont pas inventoriées chez les propriétaires: elles sont exemptes du droit, si ces derniers les fabriquent après la rentrée des vendanges.

A l'introduction ou dans un déplacement en ville, elles sont imposables.

Si on les embarque, cependant, à bord d'un bâteau pêcheur, et toutes les boissons, d'ailleurs, à ce destinées, sont exemptes des droits d'entrée et d'octroi.

Si un débitant habitait un lieu non compris dans l'agglomération sujette aux droits d'entrée, il adresserait sa réclamation à l'autorité administrative.

Un débitant peut se trouver en dehors du rayon de l'octroi, n'être pas soumis à payer le droit d'octroi et payer celui d'entrée.

Tout récoltant qui habite un lieu complètement séparé de l'agglomération, ne doit pas le droit d'entrée sur les boissons de son crû.

CHAPITRE II.

VINS ET ALCOOLS

1. — Débitants exercés.

Tout ce que nous avons dit pour les vins et autres boissons, toutes les formalités à remplir par les débitants exercés qui vendent du vin, cidres, etc, est applicable à ceux qui débitent des eaux-de-vie, liqueurs et spiritueux de toute espèce.

Mais, de même que le débitant de vin peut s'affranchir des exercices journaliers de la Régie, par l'abonnement, celui qui vend des spiritueux ne sera pas soumis à ces mêmes exercices, s'il est rédimé.

Le débitant rédimé est celui qui paie à l'arrivée les droits que la Régie prélève sur les alcools de toute espèce.

2. — *Débitants rédimés.*

Le débitant rédimé doit représenter les boissons aux employés pour que l'acquit qui les accompagne puisse être déchargé.

Tout débitant exercé peut se rédimer à n'importe quelle époque de l'année.

Le débitant rédimé, comme le débitant abonné, est tenu de faire au receveur buraliste de l'endroit la déclaration des boissons reçues.

Il paie à cet agent le droit de consommation sur les boissons mentionnées dans l'acquit.

Si le droit en question n'est pas payé dans les trois jours, les exercices journaliers ont lieu de nouveau chez lui.

Dès que la déclaration d'arrivée a été faite au buraliste, les employés viennent vérifier la boisson.

Le débitant exercé qui veut se rédimer n'a qu'à en faire la déclaration chez le buraliste et désigner les boissons spiritueuses qui lui restent.

Les trois jours accordés pour le paiement partent, dans les lieux non sujets aux octrois, de l'expiration des délais.

La boisson ne devra jamais être mise en transit chez le destinataire.

Le débitant qui ne peut payer les droits à l'arrivée immédiatement, est soumis encore aux exercices, mais si, peu de temps après, il les paie, il s'affranchit de nouveau des exercices journaliers.

Tout arrivage chez un débitant rédimé doit être accompagné d'un acquit.

L'acquit peut représenter des boissons alcooliques en toute quantité.

Dans les lieux sujets à l'entrée et à l'octroi, les droits de ce genre sont exigibles à l'entrée en ville. Le droit de consommation n'est payable qu'après l'arrivée en magasin.

Le débitant forain ne peut se rédimer parce que les boissons seraient encore imposées à nouveau.

Le débitant rédimé doit bien prendre à garde à ses boissons parce que, le droit une fois payé à la Régie, si les boissons se perdent ou se gâtent, elle ne rembourse pas.

Tout soupçon de fraude de la part des employés les engage à faire des visites chez le rédimé.

Ces visites ne peuvent s'opérer qu'en présence d'un officier public.

Mais si le débitant, rédimé pour les alcools ou liqueurs, est exercé journellement pour les vins et autres boissons, les employés peuvent faire l'inventaire de ses alcools sans le secours de cet officier.

Il y a, d'ailleurs, un inventaire annuel qui est permis aux employés, sans aucune assistance.

Cet inventaire s'opère pour clore le compte du débitant et reprendre les restes comme charges pour l'année suivante.

Toute transvasion est autorisée.

Les débitants ne peuvent se livrer à aucune fabrication ou préparation de liqueurs.

Ils ne peuvent le faire ni par distillation ni par infusion.

Ils peuvent préparer avec leurs alcools des fruits à l'eau-de-vie (raisins secs, prunes, etc.), mais pour la consommation de famille, seulement.

Les fabrications de haute importance doivent être faites sous l'œil de l'employé qui exerce le débit.

Dans les villes sujettes à un droit d'entrée, le débitant rédimé, avons-nous dit, doit représenter les quittances de ce droit.

Les eaux-de-vie ou esprits altérés par un mélange quelconque sont soumis au même droit que les esprits purs.

Les eaux de senteur, de Cologne, de Lavande, de Mélisse, de la Reine de Hongrie, etc., sont imposées d'après leur degré.

Tous les vernis à l'alcool sont aussi imposés d'après leur degré alcoolique.

Ne paient pas le droit d'entrée les préparations purement pharmaceutiques les éthers, le sulfate de quinine, etc.

Ces préparations subissent néanmoins le droit de consommation, selon leur force alcoolique, à moins qu'elles ne soient destinées à l'exportation.

Les eaux-de-vie consommées en nature dans les hospices ne sont pas exemptes des droits.

Le méthylène n'est assujétti à l'impôt que s'il est mélangé avec l'alccol ordinaire.

Les eaux-de-vie en bouteilles paient les mêmes droits que les liqueurs et les absinthes.

Mais cette dernière boisson paie le droit de consommation d'après son volume et non d'après l'alcool pur qu'elle peut renfermer.

Chez le débitant exercé, tout spiritueux en cercle mis, plus tard, en bouteille, paiera comme liqueurs.

Chez le rédimé il n'en est pas ainsi.

Les vins de liqueur, dépassant quinze degrés, paient, pour la surforce alcoolique, deux fois le droit de consommation.

S'ils dépassent vingt-un degrés ils paient comme alcool pur.

Dans les villes soumises à une taxe

unique, nous le verrons plus bas, le droit de consommation se paie à l'entrée.

Tout débitant qui reçoit des spiritueux dont la force alcoolique ou le volume ne sont pas en harmonie avec l'acquit présenté, n'est pas impliqué dans le procès-verbal que dressent les employés, s'il n'a pas pris, définitivement, possession du liquide.

Si l'enveloppe, la bonde du fût, sont enlevées en présence des employés, si le vaisseau qui contient la boisson alcoolique, n'est introduit chez le débitant qu'en leur présence, tout retombe sur l'expéditeur.

3. — *Colporteurs de boissons, conducteurs, etc.*

Tout colporteur de boissons, tout conducteur d'un chargement de boissons, a dû, avant son départ, se présenter au bureau de la Régie, pour se faire délivrer une expédition.

Si les droits sont payés au départ et

que ce soit un congé qui accompagne la boisson, les formalités à remplir pour l'obtenir sont de peu d'importance.

Si c'est un acquit, au contraire l'expéditeur des marchandises devra s'engager à rapporter dans un délai déterminé un certificat de l'arrivée des dites marchandises à la destination déclarée.

Le dit expéditeur amènera une caution solvable qui signera avec lui et prendra le même engagement.

La caution doit être solvable et habiter le lieu où se trouve le bureau de Régie.

L'engagement ci-dessus n'est pas exigible de ceux qui préfèrent consigner deux fois le droit pour les alcools et six fois le droit pour les vins, cidres, etc.

Tout acquit qui sera échangé en cours de transport sollicitera une soumission écrite, de l'expéditeur.

Cette soumission sera cautionnée.

En aucun cas, le destinataire ne servira de caution.

Tout enlèvement de boissons empêché par accident ou autre cause, devra nécessiter le dépôt à la recette buraliste de l'acquit ou du congé délivré.

Ce dépôt devra s'opérer avant l'heure de l'enlèvement.

L'enlèvement de boissons spiritueuses par acquit, pour un trajet de plus de 20 kilomètres, abstreint le destinataire à représenter aux employés, les lettres de voiture, les bulletins de chemins de fer, etc.

L'exhibition de la facture n'est pas exigible.

Tout destinataire de boissons arrivées par acquit, peut exiger un certificat de décharge des employés.

Les retards qu'éprouve un conducteur de chargement sont justifiés par une déclaration de transit au bureau de Régie.

Tout certificat de décharge non représenté dans le délai de quatre mois à partir de l'expiration du délai de transport, occasionne l'action de la Régie contre l'expéditeur.

A défaut du rapport d'un certificat de décharge, l'expéditeur paiera le double ou sextuple droit.

S'il est prouvé que le défaut de décharge des acquits n'a été occasionné par aucune manœuvre frauduleuse la Régie peut n'exiger qu'une fois le droit.

La prescription est acquise contre la Régie si elle n'a pas agi dans les quatre mois après le délai de transport.

Si, un certificat de décharge est représenté en temps utile et que la Régie ait fait des frais contre l'expéditeur, ces frais retombent à la charge de l'administration.

Toute consignation, pour défaut de caution, sera remboursée en temps voulu

Tout transporteur de moût ou vin non cuvé doit être muni d'une expédition de Régie.

Celui qui expédiera ou transportera des boissons à l'étranger, devra se munir d'un acquit.

Il ne paiera que le montant de l'acquit, les boissons destinées à l'étranger, n'étant pas imposées.

Il indiquera sur le dit acquit le point de sortie du territoire français, mais, en route, il pourra en choisir un autre,

selon les événements, sur la même fron-
tière.

Quiconque expédie des boissons sur des
équipages n'a à payer aucun droit.

Les rades sont considérées comme
n'appartenant pas au territoire.

On comprend qu'il en est de même des
boissons destinées à la grande pêche,
aux colonies, etc.

Il n'en est pas ainsi pour celles à l'usage de la petite pêche, ni pour celles destinées aux provisions de bord, pour le
grand et le petit cabotage.

Les voyageurs qui pénètrent dans une
ville, peuvent circuler avec trois bouteilles de vin, pour leur usage.

Mais les voituriers ou bateliers qui le
feraient par commission doivent les droits

Chaque fois qu'on déplacera des boissons qui auront déjà payé les droits, il
suffira d'exhiber les quittances, pour
avoir un acquit en franchise.

Tout enlèvement de boissons, toute
charrette ou voiture chargée de boissons
même devant la porte du vendeur devra

être précédée de la délivrance d'une expédition.

Tout conducteur qui éprouve du retard tout colporteur de boissons à qui il arrive un accident, ne peut le faire constater par témoins.

Il doit le faire constater, par écrit, par les autorités locales ou les employés.

Un expéditeur ou vendeur de boissons pourra se dispenser de déclarer le nom du destinataire sur l'acquit ou le congé à lui délivré.

Mais le conducteur ne devra, à destination, décharger sa voiture que s'il est allé déclarer au bureau de la Régie de la localité destinataire, le nom de l'acheteur.

Le conducteur qui égare ses expéditions encourt la confiscation des boissons et l'amende.

S'il va le déclarer spontanément aux employés, il n'est dressé contre lui qu'un procès-verbal de forme.

Le conducteur qui suit une route plus ou moins directe pour arriver à destination, n'est pas en contravention.

Il n'a qu'à se conformer à l'itinéraire et aux moyens de transport.

Le conducteur doit toujours être porteur des expéditions et les exhiber aux employés sur leur réquisition.

Les colporteurs de boissons qui ne pourront désigner la destination réelle des boissons à vendre (vins et cidres), devront être munis de congés.

Les déclarants qui voudront obtenir des congés de colportage devront :

1° Avoir une licence de marchand ambulant ;

2° Faire délivrer de nouvelles expéditions à mesure que les acheteurs se présentent ;

3° Rapporter, dans un délai déterminé, les quittances des droits acquittés alors ;

4° Payer, à défaut de ces quittances ou de bulletins d'expéditions nouvelles, le quinze pour cent de la valeur des boissons ;

5° Déclarer les lieux de parcours, la quantité, l'espèce et la qualité des boissons ; le nombre des vaisseaux, des chevaux ou mulets, etc.; le délai ou temps nécessaire au transport.

4. — *Marchands en gros.*

Comme tous les débitants, les marchands en gros, négociants, courtiers, facteurs, commissionnaires, enfin tous ceux qui se livrent au commerce des boissons en gros, doivent faire une déclaration au bureau de Régie.

Comme les débitants, ils doivent déclarer toutes leurs boissons.

Mais celui qui vend le vin de sa récolte et qui en achète d'autre pour ses besoins, n'est pas tenu de faire la déclaration.

Les marchands en gros, après que leur déclaration a été faite, sont munis de la licence.

Ils peuvent alors se livrer à toutes les ventes de leur commerce.

Ils peuvent vendre, recevoir, ou expédier des vins, cidres, alcools, liqueurs et absinthes en toute quantité.

Tout coupage, mélange de boissons de même espèce, leur est autorisé.

Mais le marchand en gros, ne peut, dans son magasin de gros, se livrer à la vente en détail.

Il peut cependant avoir un lieu de débit, pourvu que son magasin de gros en soit bien distinct, et séparé par la voie publique.

Le marchand en gros qui tient un débit et paie à l'arrivée le droit de consommation sur les eaux-de-vie n'en est pas moins tenu de soumettre aux exercices des employés toutes les boissons de débit et de gros.

Muni de sa licence, le marchand en gros devra faire au bureau de Régie, toutes les déclarations requises pour l'enlèvement de ses boissons.

Le conducteur qui transportera les boissons, devra être muni de son expédition.

Dans les villes importantes, et sujettes aux droits d'entrée et d'octroi, les envois de négociant à négociant devront toujours être déclarés au moins deux heures avant le moment indiqué pour l'enlèvement.

Nous avons dit que les marchands en gros peuvent mélanger et transvaser les boissons de même genre hors de la présence des employés.

Mais ces opérations ne pourront se faire qu'après la vérification à l'arrivée par les employés.

Mais si les employés ne viennent pas vérifier les boissons à l'arrivée, les négociants peuvent en disposer :

Vingt-quatre heures après la présentation de l'acquit au bureau de Régie ou son inscription au registre d'entrepôt, dans les communes où les employés résident ;

Et soixante-douze heures après, dans les communes où il n'y a pas d'employés.

Ce laps de temps écoulé, le négociant peut couper ses boissons entre elles.

Il est entendu que le coupage avec de l'eau n'est permis que pour les alcools.

Une tolérance de un pour cent est accordée aux excédants reconnus sur les chargements en circulation.

La même tolérance est accordée aux

négociants pour les quantités introduites d'un inventaire à l'autre.

Les négociants doivent bien se renfermer dans les délais portés sur les expéditions.

Mais ils peuvent effectuer l'enlèvement bien après le moment où le délai a commencé à courir.

Il suffit que le reste du délai leur permette d'arriver à temps à destination.

Ainsi, deux fûts qui font l'objet d'un acquit-à-caution, et qui auraient pu être enlevés la veille, d'après le délai indiqué, ne constituent pas un excédant en magasin, s'ils se trouvent le lendemain chez le négociant, pourvu que le délai porté sur l'acquit ne soit pas encore écoulé

Dans les déclarations d'enlèvement relatives aux spiritueux, le négociant indiquera le degré alcoolique.

L'absinthe sera imposable, pour son volume total, comme l'alcool pur.

Cinq comptes seront ouverts chez le négociant, celui des vins avec leur surforce alcoolique, celui des alcools en général, celui des absinthes, celui des liqueurs et celui des fruits à l'eau-de-vie.

Il est accordé une déduction de sept pour cent par an sur l'alcool pur des spiritueux autres que les absinthes, pour les manquants.

La même déduction est accordée pour les manquants en volume, relativement à l'absinthe.

Nous parlerons plus loin de celle accordée pour les vins.

On ne tient pas un compte spécial pour les vins de Champagne, de Bordeaux ou autres, mis en bouteilles.

Tous les vins sont pris en charge au même compte pour leur volume total.

Les marchands en gros peuvent les couper entre eux.

Mais si le négociant expédie des vins en bouteille, il doit énoncer et le nombre de bouteilles et la quantité réelle de liquide qu'elles contiennent.

Tout déchet pour coulage de route doit être reconnu par les employés au moment du déchargement.

Il sera réduit sur la quantité totale de

l'acquit, avant la prise en charge au compte du destinataire.

Dans les communes où les employés ne pourront se rendre immédiatement, le négociant introduira ses boissons chez lui, en les mettant à l'écart, pour faire constater le coulage à l'arrivée des commis.

Les marchands en gros sont soumis aux exercices de la Régie.

Ils doivent déférer immédiatement aux réquisitions de ses agents, toutes les fois qu'ils en sont requis.

En leur absence, ils doivent laisser au magasin une personne qui les représente.

Mais si, pour une vérification quelconque, des circonstances fortuites les empêchaient de procéder immédiatement, les employés devraient accorder un délai moral pour que les négociants se procurassent les objets nécessaires.

Dans un inventaire, les employés, en arrivant chez le négociant, prennent d'abord note des restes en magasin, tels qu'ils s'y trouvent.

Cela fait, on établit la balance, avec les écritures.

Le négociant est tenu d'accompagner les employés, lui ou son représentant dans tous les locaux où se trouvent les boissons de son commerce.

L'inventaire peut être fait par les employés tous les jours, depuis le lever du soleil jusqu'à son coucher.

Si, après l'inventaire, il ressort un excédant dépassant de un pour cent les quantités introduites depuis le précédent exercice, cet excédant sera saisi.

S'il ressort un manquant en vins, ce manquant ne donnera pas lieu à la saisie et au procès-verbal.

Il sera imposable, à la fin du trimestre d'exercice, s'il dépasse la déduction que la Régie accorde aux négociants.

Cette déduction est de sept, huit et neuf pour cent, par an, selon les départements.

Nous avons vu qu'elle est de sept pour cent pour les alcools dans toute la France.

Les manquants de vin qui dépasseront

la déduction allouée, seront imposés comme les vins en bouteille.

Tout manquant de ce genre, même s'il provenait d'un vol, serait imposable.

Les manquants en alcool qui dépassent la déduction allouée sont imposés comme les liqueurs et les absinthes.

Dans les villes sujettes à des droits d'entrée, tous les manquants reconnus, et passibles de l'impôt, paieront ces droits.

Si les manquants en question proviennent d'une perte réelle, les négociants doivent immédiatement faire constater la perte par les employés.

Si, au moment d'une perte de boissons les employés sont absents, ou s'ils ne résident pas dans la commune, ils doivent la faire constater par le buraliste, le maire, ou son adjoint.

L'une de ces personnes rédige un procès-verbal régulier de toutes les circonstances de l'accident.

Les employés sont ensuite appelés pour vérifier les faits.

Si, lors de la cessation du commerce, un négociant a payé les droits et les taxes locales sur les restes, il peut consommer les dits restes, mais non les vendre petit à petit comme un débitant.

Néanmoins, tout assujetti qui, ayant exercé la profession de négociant ou de débitant, a acquitté pour les boissons qui lui restaient, le droit de circulation sur les vins, ou celui de consommation sur les spiritueux, peut être dispensé de payer ces mêmes droits s'il envoie les boissons restantes à des consommateurs.

Mais il faut que les droits locaux aient aussi été acquittés. (Entrée, octroi, taxe unique).

Nous avons parlé, en passant, du droit d'entrée.

Les marchands en gros qui habitent des villes rédimées sont soumis à la taxe unique.

La taxe unique est obligatoire pour les villes de plus de dix mille habitants.

Elle est facultative pour celles de quatre mille à dix mille âmes.

Dans une ville dont la population agglomérée est de quatre mille âmes ou au-dessus, les conseillers municipaux en délibération peuvent rédimer une ville la soumettre à la taxe unique.

Ils prononcent ainsi la suppression de l'exercice chez les débitants de boissons.

Ils doivent délibérer avec l'adjonction d'un nombre de marchands en gros et de débitants, égal à la moitié des membres présents.

Les droits de détail et d'entrée sur les vins, cidres, etc., sont alors convertis en une taxe unique payable à l'entrée en ville, ou à la sortie des entrepôts.

Les droits sur les alcools sont aussi perçus à l'entrée en ville des boissons spiritueuses.

Les marchands en gros, les entrepositaires de boissons qui expédient au dehors, dans des villes rédimées, doivent faire constater régulièrement la sortie de leurs boissons.

Toute boisson traversant une ville rédimée doit être accompagnée d'une expédition délivrée à l'octroi et appelée passe-debout.

Le certificat de sortie de la boisson est

la seule preuve légale admissible pour relever des obligations imposées par le passe-debout.

Si la boisson, au lieu d'être transportée à sa destination définitive, reste en ville, le conducteur doit remplir toutes les formalités du transit.

Toute boisson dont on est forcé d'interrompre le transport, et qui séjourne au-delà de vingt-quatre heures dans la localité, doit être mise en transit.

Le conducteur en fait la déclaration au bureau de la Régie, dans les vingt-quatre heures.

Si l'arrêt du chargement a lieu la veille d'un jour férié, la déclaration peut être acceptée même le lendemain du jour férié.

Tout marchand qui fera la vente de boissons en gros sur une étape ou sur un champ de foire, pourra les y décharger sans transit.

Si le stationnement durait plus de vingt-quatre heures, le transit serait obligatoire.

Il en est de même des marchands de boissons en détail.

Les colporteurs de vins sont dans le même cas.

Il est clair que si le délai est expiré, on n'a pas le droit de mettre en transit.

La mise en transit est aussi refusée si le chargement de boissons a dépassé le lieu d'arrivée.

Il y a encore refus de la part de la Régie, si le chargement se trouve sur une route complètement opposée au lieu de destination.

Toute personne dans les locaux de laquelle une boisson sera mise en transit, doit souffrir la visite des employés.

Toutes les boissons peuvent être mises en transit chez n'importe qui.

On comprend facilement qu'elles ne peuvent pourtant l'être chez le destinataire lui-même.

La reprise du transport peut être faite à la première demande des dépositaires.

Les employés peuvent intervenir, mais le transitaire ou le conducteur ne sont pas obligés de les attendre.

5. — *Pressureurs de lies.*

Tout transporteur de lies contenant assez de vin pour être soumises au pressurage, devra, s'il n'est muni d'une licence, payer les droits en entier sur la quantité totale.

Si le transporteur est pressureur de lies, les employés qui l'exercent lui prennent en charge le volume des lies et la quantité de vin qu'elles peuvent produire.

Toutes les autres formalités à remplir sont, pour les pressureurs de lies, analogues à celles des marchands de boissons en gros.

6. — *Liquoristes.*

Toutes les boissons spiritueuses qui contiennent une quantité notable de sucre ou de sirops sont considérées comme liqueurs.

Tout fabricant de liqueurs doit faire à la Régie les mêmes déclarations que celles exigées des débitants et des marchands en gros (Voir les chapitres I et II).

Les premières formalités à remplir sont aussi les mêmes que pour ces assujettis.

Les fabricants de liqueurs, qui sont à la fois débitants, ne peuvent être rédimés.

Ils sont soumis aux exercices journaliers, au fur et à mesure de leur fabrication.

Le liquoriste qui est à la fois marchand en gros de boissons, peut lever des expéditions de Régie pour les boissons spiritueuses qui sont destinées à des débitants, quelle que soit la quantité.

A chaque fabrication, le liquoriste doit faire une déclaration à la Régie.

Le liquoriste paie les droits sur les quantités reconnues manquantes.

A la fin du trimestre, il paie aussi les droits d'entrée et d'octroi sur ces mêmes quantités.

Les droits d'entrée et d'octroi sont perçus encore sur chaque quantité enlevée pour l'intérieur du lieu.

Le liquoriste marchand en gros doit indiquer, par des étiquettes, la force alcoolique :

Des eaux-de-vie en bouteille.

Des préparations ou infusions.

Des liqueurs de toute espèce.

Et enfin, des fruits à l'eau-de-vie.

Toute fausse déclaration lui ferait encourir une forte amende.

Pour la fabrication des absinthes, comme pour le reste, une déclaration doit être faite à la Régie.

Le liquoriste marchand en gros pourra vendre ses liqueurs en détail, mais seulement dans un lieu séparé complètement du lieu de fabrication.

Il pourra rectifier ses eaux-de-vie.

La déduction allouée aux liquoristes en gros est la même que celle accordée aux marchands en gros (voir le paragraphe 4, ci-dessus).

Les manquants, chez eux, se règlent aussi de la même façon.

Mais ils ne pourront expédier des eaux-de-vie en nature qu'en futailles contenant au moins vingt-cinq litres.

Et, pour opérer l'enlèvement de ces futailles, ils devront en faire la déclaration quatre heures à l'avance, dans les villes.

Dans les campagnes, la déclaration aura lieu douze heures à l'avance.

En bouteilles, il n'y a pas de limites pour les eaux-de-vie en nature.

Si le liquoriste marchand en gros fabrique des absinthes, il paie une licence comme marchand en gros et une autre comme distillateur.

7. — *Distillateurs.*

Les bouilleurs de profession, distillateurs ou fabricants qui rectifient des alcools ont été, en 1877 et 1878, soumis à des règlements inextricables, que la Régie a modifiés par la suite, à tel point qu'elle les à presque annulés, en se basant sur ce principe:

Les règlements de distillerie ne seront suivis à la lettre que chez les bouilleurs qui seront mis à l'index par la Régie.

Dans le midi de la France, surtout, ou presque toutes les chaudières, tous les appareils distillatoires sont à feu nu, il était impossible de mettre les cadenas, les dépotoirs, les compteurs, les plombs, les pompes, et tant d'autres choses exigées par les règlements.

Pendant ce temps, les bouilleurs de crû distillent à outrance.

Les bouilleurs de crû sont affranchis de toute visite et de toute déclaration.

Sont bouilleurs de crû ceux qui font distiller les vins de leur récolte chez eux.

Ceux qui, avec leurs appareils ou des appareils de louage, font distiller toutes sortes de fruits ou résidus de fruits récoltés chez eux.

Il est pourtant fait exception pour les betteraves, le sorgho, l'asphodèle et les céréales.

Celui qui fait distiller ses produits par un tiers n'a aucune déclaration à faire; et le porteur d'alambics est sou-

mis à une simple déclaration de circulation.

Mais ceux qui amènent leurs produits
chez un distillateur, ne peuvent les ra-
mener chez eux qu'en payant les droits
sur l'alcool, ou en prenant une licence
jusqu'à la revente des produits distillés.

De même, le bouilleur de crû qui fait
transporter les produits de sa distillation
dans un local séparé de son atelier, n'a
droit à l'exemption de la taxe, qu'en
soumettant ce local à l'exercice des employés, ou en prenant licence.

Le bouilleur de crû, quand il veut
vendre ses produits, peut lever des expéditions de Régie, pour n'importe qu'elle
quantité.

Quand le bouilleur de crû ramène chez
lui des eaux-de-vie qu'il avait apportées
à la vente, il lui est délivré d'autres expéditions.

Quand il a payé les droits sur ses restes ou qu'il a vidé son stock, il est immédiatement affranchi de toute visite.

Celui qui vend les boissons en détail,
(*s'entend des boissons spiritueuses*), est

soumis à la licence, comme les débitants ordinaires, quoiqu'il soit bouilleur de crû.

Le bouilleur ambulant est soumis à la licence.

Il est tenu de déclarer toutes les distillations qu'il opère, pour son compte ou pour le compte d'autrui.

Le bouilleur de profession est soumis à toutes les visites des employés.

Il doit, à toute réquisition, ouvrir sa distillerie, son magasin, sa maison, sa cave tous les locaux lui appartenant.

Les employés peuvent pénétrer dans la distillerie, à toute heure du jour et de la nuit.

Il suffit qu'il existe dans sa distillerie des liquides susceptibles d'être livrés à la distillation.

Les formalités relatives à l'établissement d'un bureau pour les employés, d'une chaise près des éprouvettes, d'une table, de balances, de dépotoirs, de tout le matériel exigé par les nouveaux règlements, sont exigées une fois pour toutes

Le plus ou moins de confiance que la

Régie a vis-à-vis de son assujetti fait
qu'elle pplique ces règlements avec
moins ou plus de rigueur.

Nous indiquerons seulement les points
essentiels :

Compteurs à établir par l'administration ;

Division des magasins en locaux dis-
tincts pour les produits achevés, les produits à repasser et les huiles essentielles;

Numéro, contenance, tare et poids brut
des fûts à inscrire sur chaque vaisseau;

Registres à tenir par les bouilleurs de
profession et les distillateurs;

Déclarations à faire, à chaque changement que doit éprouver la matière
fermentée.

8. — *Fabricants d'éther, dénaturateurs, teinturiers, etc...*

Tous ceux qui dénaturent les alcools
par des procédés admis par le comité des
arts et manufactures, paieront à la Régie
un droit fixe, et à l'octroi un droit qui

ne pourra excéder le quart du premier
droit.

Ils devront faire leurs déclarations à
la Régie.

Les employés assisteront à la dénaturation.

Si la dénaturation est immédiate et que
les droits soient acquittés sur le champ,
les industriels ne paieront pas de licence.

L'entrepôt est accordé à ceux qui livrent une partie de leurs produits à l'exportation.

Moyennant une caution, certains produits peuvent permettre à [quelques
dénaturateurs la faculté de l'entrepôt :

L'éther.

L'aldéhyde.

Les vernis, etc.

9. — *Exportateurs.*

Tous ceux qui expédient à l'étranger
des vins qui recevront une addition d'alcool, n'auront aucune taxe à payer, pourvu que le mélange s'opère en présence
des employés.

Toute quantité d'alcool, grande ou petite, peut faire l'objet d'un vinage d'exportation.

L'addition d'alcool peut être faite au lieu d'expédition.

Il suffit que deux employés assistent à l'opération.

Dans les localités où résident des employés, l'exportateur doit les avertir la veille pour le lendemain.

Dans les autres localités, il avertira le buraliste qui écrira aux employés.

Il laissera au bureau de la Régie une déclaration énonçant :

La quantité de vin à viner pour l'étranger ;

La quantité d'alcool à verser ;

L'heure du vinage ;

La force alcoolique après le vinage ;

Le point de sortie par terre ou par mer

Pour les vins d'imitation, dont une partie peut servir à l'exportation, et l'autre partie à la consommation intérieure, le vinage peut n'être fait que petit à petit.

Les employés assistent au mélange d'une certaine quantité de vin avec l'alcool, et les négociants sont libres de faire, par la suite, leurs vinages successifs.

CHAPITRE III.

VINAIGRES

Fabricants de vinaigres et d'acides acétiques.

Une taxe de consommation est établie sur tous les vinaigres et acides acétiques fabriqués en France ou importés de l'étranger.

Cette taxe est, en principal et par hectolitre, établie ainsi qu'il suit :

Quatre francs pour les vinaigres contenant huit pour cent d'acide acétique et au-dessous ;

Six francs pour ceux qui en contiennent de neuf à douze pour cent;

Huit, pour ceux qui en contiennent de treize à seize pour cent;

Quinze, pour ceux qui en contiennent de dix-sept à trente pour cent;

Vingt, pour ceux qui en contiennent de trente-un à quarante pour cent;

Quarante-deux, pour ceux qui en contiennent plus de quarante pour cent.

L'acide acétique cristallisé ou solide paie à raison de cinquante francs les cent kilogrammes.

Dix jours au moins avant le commencement d'aucune fabrication, tout vinaigrier doit faire sa déclaration de commencer.

La licence qui lui sera délivrée alors sera annuelle.

Les marchands en gros qui vendront ou recevront des vinaigres paieront aussi leur nouvelle licence une seule fois par an.

Sont exempts de la licence les manufacturiers qui emploient à des usages industriels du vinaigre ou de l'acide acétique.

Ils obtiennent l'immunité de l'impôt en se soumettant à l'exercice.

Chez les vinaigriers proprement dits, les vins, cidres, alcools et autres boissons converties en vinaigres sont dénaturés en présence des employés.

Une déduction de sept pour cent par an est accordée aux fabricants pour toute espèce de déchets.

CHAPITRE IV.

BIÈRE

Brasseurs.

Quiconque vendra une boisson qu'il débitera comme bière, paiera la taxe afférente aux bières.

Tout brasseur est tenu de faire la déclaration de sa profession au bureau de la Régie.

Il apposera sur sa brasserie une enseigne qui indiquera sa profession.

Il ne peut être fait application de la taxe sur la petite bière que lorsqu'il a été préalablement fabriqué un brassin de bière forte avec la même drèche, et pourvu, d'ailleurs, que cette drèche ait subi, pour le premier brassin, au moins deux trempes ; qu'il ne soit entré dans le second brassin aucune portion des métiers résultant des trempes données pour le premier ; qu'il n'ait été fait aucune addition ni aucun remplacement de drèche, et que le second brassin n'excède point, en contenance, le brassin de bière forte.

S'il était fabriqué plus de deux brassins avec la même drèche, le dernier seulement serait considéré comme petite bière.

Les brasseurs indiqueront l'heure à laquelle les trempes de chaque brassin devront être données.

Ceux qui n'auront qu'une seule chaudière peuvent ne payer que la taxe
imposée sur la petite bière, pour leur
dernier brassin.

On ne peut considérer comme achevée
la fabrication du brassin de bière forte,
tant que les réserves de métiers destinés
à alimenter la chaudière de cuite n'y
sont pas entrées tout entières.

L'excédant des trempes peut s'élever
de cinq à vingt pour cent.

Les vingt pour cent de métiers doivent être comptés d'après les quantités
obtenues à la cuve matière.

A aucun instant de la fabrication, il
ne pourra exister dans les divers vaisseaux de la brasserie une plus grande
quantité de métiers.

Toute extraction partielle, tout pré-
lèvement sur le produit d'une trempe,
implique ce fait que l'infusion est suffi-
sante.

Dès ce moment la Régie est fondée à
considérer comme métiers ou produit
des trempes, toute la quantité de liquide
contenue dans la cuve matière.

6

Le brasseur a la faculté de repasser sur les drèches des métiers ayant déjà subi une ébullition plus ou moins prolongée.

S'il y a fabrication de petite bière, ce repassage doit être déclaré comme les trempes ordinaires.

Dans le cas de vérifications partielles et successives des trempes, le produit du repassage ne doit pas être ajouté à celui des autres trempes.

L'entonnement de la bière aura lieu pendant le jour seulement.

Il ne sera fait d'un même brassin qu'une seule espèce de bière.

Il y a lieu de déclarer, par écrit, la contenance des chaudières, cuves et bacs.

Il ne devra être fait usage, pour la fabrication, que de chaudières de six hectolitres et au-dessus.

Les chaudières devront être à demeure et maçonnées.

En l'absence du brasseur ou du patron, les employés de la brasserie doivent mettre à la disposition de la Régie l'eau et les ouvriers nécessaires à l'épalement des chaudières, cuves et bacs.

Les employés peuvent renouveler les épalements chez le brasseur.

Mais leurs chefs leur recommandent de n'user de ce pouvoir qu'avec beaucoup de discrétion.

Ils doivent se garder d'interrompre sans nécessité la fabrication.

Ils doivent choisir, si c'est possible, les moments de chômage de la brasserie; éviter, enfin, tout ce qui peut donner lieu à des plaintes fondées.

Pour les changements à opérer dans la brasserie, réparations aux fourneaux, aux chaudières, le brasseur doit faire des déclarations nouvelles à la Régie.

Les employés peuvent visiter tous les locaux de la brasserie.

Les maisons non contigües aux brasseries ou non enclavées dans la même enceinte ne sont pas pourtant soumises à leurs visites.

A moins qu'ils ne soient assistés d'un fficier de police et porteurs d'un ordre e leur supérieur.

Le brasseur doit faire sceller toute communication avec ses voisins.

Il peut exiger que les employés consignent sur son registre le résultat de leurs vérifications.

Mais ce registre doit être coté et paraphé par le juge de paix.

Les droits se paient mensuellement.

Ils seront remboursés sur les bières destinées au commerce d'exportation.

Pour que ce remboursement soit opéré le brasseur n'a qu'à prouver que ces bières sont sorties, à l'aide d'un acquit-à-caution.

Les importateurs de bières étrangères n'ont à payer que les droits de douane.

CHAPITRE V.

OBJET DE CONSOMMATION

1. — *Fabricants de chicorées. — Epi-ciers qui détaillent de la racine de chicorée préparée, en cossettes ou en poudre.*

Le droit à payer par les fabricants peut ne l'être que par les simples marchands en gros, quand ceux-ci ont reçu leurs marchandises de chez les premiers

Tous les produits similaires de la chicorée terrifiée sont imposables.

On entend par produits similaires, tout ce que les épiciers ou détaillants livrent à la consommation pour être employé au même usage que la chicorée ou le café.

Dans les fabriques, les magasins de

gros et les débits, les employés font poser des vignettes ou bandes sur les paquets.

Chez les détaillants, ils se bornent à la vérification de ces vignettes.

Il ne doit pas y avoir de communication entre les fabriques et les maisons environnantes.

Une enseigne doit porter les mots: Fabrique de chicorée.

Une déclaration devra ètre faite à la Régie qui énoncera:

1° **La** situation de la fabrique et de ses dépendances;

2° La quantité de chicorée qui se trouve en magasin, à l'état marchand;

3° Le mode de fabrication ;

4° Les types adoptés pour le paquetage, la forme et le poids des paquets;

5° Le régime de la fabrique pour les jours de travail.

Tout changement dans le mode de travail nécessitera de nouvelles déclarations, de la part du fabricant.

Les fabricants peuvent fabriquer des paquets de cent, deux cent cinquante, cinq cents et mille grammes.

Les détaillants ne peuvent, en cas de vente en quantités inférieures à cent grammes, fractionner plusieurs paquets.

L'administration fournira gratuitement à tout fabricant un registre imprimé sur lequel il inscrira :

1º La quantité de cossettes provenant de l'extérieur ;

2º Celles préparées à l'intérieur, et chaque jour ;

Et, à la fin de chaque journée, il inscrira :

1º La quantité de cossettes soumises à la torréfaction ;

2º Celles retirées des tourailles ;

3º Celles passées au moulin ;

4º Celles qu'on en retire ;

Et 5º par type ou format, celles mises en paquets.

Un registre à souche leur est aussi fourni où ils inscrivent les quantités enlevées sans transfert du crédit des droits, et :

L'heure précise de chaque enlèvement.

Le nom et la qualité du destinataire.

Le lieu de destination.

Tout marchand en gros ou commissionnaire qui fera des achats importants, pourra prendre licence, moyennant une caution.

2. — *Fabricants de sucres et de glucoses.*

Sont soumises aux visites des employés:
Les fabriques de sucre.
Les raffineries de sucre.
Et, enfin, toutes les fabriques dans lesquelles le sucre est extrait des mélasses.

Toutes les visites et vérifications des employés sont autorisées dans tous les locaux pendant le jour.

Dans les usines qui travaillent de nuit elles sont autorisées à toute heure de la nuit.

Des bureaux sont concédés à la Régie, dans leurs usines par les fabricants.

Il leur est payé les frais de loyer, de chauffage ou d'éclairage, pour ces bureaux.

Toute communication intérieure avec les voisins est interdite.

Avant de commencer les travaux, le fabricant doit être muni de sa licence.

Dans sa déclaration, il devra indiquer les procédés de fabrication.

A chaque changement dans l'arrangement de ses vaisseaux, il doit faire une déclaration nouvelle.

Il en sera de même à chaque suspension de travaux.

La déclaration doit être faite un mois avant les travaux.

Elle présentera :

1º La description de la fabrique ;

2º Le nombre et la capacité des chaudières à déféquer, des chaudières d'évaporation et de cuite, des rafraîchissoirs, formes, cristallisoirs, bacs, citernes etc.

Les fabricants et les raffineurs fournissent aux employés les ouvriers, poids, balances et ustensiles nécessaires.

Ils peuvent se faire délivrer, par la Régie, des acquits-à-caution pour leurs envois, alors même que leurs déclarations, quant au classement des sucres, seraient contestées par elle.

Les opérations par lesquelles passent

les matières premières sont fort nom-
breuses.

Voici celles qui supportent, seules,
l'exercice des employés:

La défécation ;

La mise en cristallisation ;

Les transvasions de colis;

Les refontes ;

Le lochage ;

La mise en magasin et à l'étuve ;

La sortie de l'étuve ;

Et, enfin, les introductions et l'expédition de produits.

Il est procédé, par les employés, à
trois inventaires généraux par campa-
gne.

Ces inventaires sont faits en la présence du fabricant ou de son délégué.

L'acte d'inventaire dressé par les
employés est soumis à la signature de
ses représentants ou de son délégué,
pendant son absence.

Un règlement de Régie porte que les
sacs d'emballage doivent avoir toutes
les coutures à l'intérieur, et être d'un
poids net uniforme de cent kilogrammes.

D'autres instructions permettent tout système d'emballage qui offre des garanties de nature à sauvegarder les intérêts de la Régie.

Ces nouvelles instructions portent aussi que si les magasins de dépôt des fabriques ne pouvaient pas être assimilés aux entrepôts réels placés sous le régime des magasins généraux, on pouvait autoriser le transfert, à titre de nantissement, sur les registres officiels, des sucres en magasin, aux bailleurs de fonds.

Le transfert des sucres s'opère sur la déclaration signalée par le fabricant ou son délégué, sur les registres de Régie.

Ces sucres resteront sous la double clef de la Régie et du fabricant.

Ils seront déposés à part dans les magasins.

Ils n'en sortiront que sur le consentement écrit des intéressés.

Pour ce qui est des glucoses, une taxe leur est appliquée, qui pèse sur les glucoses de toute origine.

Un minimun de rendement est seulement fixé pour les glucoses fabriquées avec des fécules, vertes ou sèches.

Mais celles qui proviendront des mélasses subiront une base d'évaluation qui sera déterminée entre la Régie et le fabricant.

3 — Entrepositaires d'huiles, marchands d'huiles végétales.

La loi sur les huiles de toute sorte, à l'exception des huiles minérales, porte qu'elles paieront. en principal et par cent kilogrammes :

Six francs, dans les communes de quatre mille à dix mille habitants;

Sept, dans celles de dix mille un à vingt mille;

Huit, dans celles de vingt mille un à cinquante mille;

Dix, dans celles de cinquante mille un à cent mille;

Et douze francs, dans celles qui ont plus de cent mille habitants.

Dans les faubourgs de ces villes le droit est perçu.

Mais il ne l'est pas dans les habitations éparses.

Les huiles dans lesquelles on conserve des matières quelconques sont imposées comme les huiles pures.

Les conserves à l'huile ne sont soumises au droit d'entrée qu'à raison de vingt pour cent du poids brut des boîtes.

Les marchands autres que les fabricants, ne peuvent réclamer l'admission en entrepôt que si leur stock en magasin est au moins de cinq cents kilogrammes d'huiles diverses.

Les entrepositaires feront leurs déclarations à la Régie, soit pour l'entrée en commerce, soit pour les enlèvements successifs.

Les visites des employés qui constateront la fabrication dans les usines ou moulins pourront s'opérer de jour et de nuit, pendant la fabrication.

Une déduction sera accordée par la Régie pour les huiles nouvellement fabriquées.

Les filateurs de laine, fabricants de
tissus, de toiles cirées, de taffetas cirés,
les teinturiers, tanneurs, corroyeurs,
mégissiers, reçoivent les huiles en entrepôt.

Elles sont, chez eux, exemptes des
droits.

La licence n'est payable, par eux, que
dans le cas où ils vendraient en nature
les huiles qu'ils achètent pour leur fabrication ou leurs machines.

Les villes assujetties à l'impôt sur les
huiles ont la faculté de payer cet impôt
par l'abonnement.

Les villes abonnées sont affranchies
de l'exercice de la Régie pour l'entrée
et la fabrication des huiles.

4.— *Pêche fluviale* (*Fermiers de pêche*)

La Régie est chargée du recouvre-
ment des fermages de la pêche et de la
chasse sur les fleuves et rivières navi-
gables, comme dans les canaux et rivières canalisées.

Les fermiers doivent fournir, dans les

cinq jours qui suivent l'adjudication, une caution solvable.

Cette caution doit être agréée par le fonctionnaire qui préside la séance, de l'avis de l'agent des domaines ou des contributions indirectes présent à l'opération.

L'adjudicataire peut sous-louer tout ou partie de son bail.

Il peut accorder des permissions.

Mais il est seul responsable, vis-à-vis de l'Etat.

Il ne doit entraver ni la navigation, ni la circulation.

Il est responsable de ses agents.

5. — *Sels (Gardiens de salines, etc.)*

Aucune recherche de mine de sel, ou d'eau salée, ne pourra être faite, soit par les propriétaires, soit par des tiers autorisés, qu'après la déclaration faite à la préfecture : un mois après cette déclaration.

Les demandeurs, dans leur déclaration ou proposition, doivent faire ressortir :

L'agglomération des puits, galeries ou trous de sonde;

L'excédant, sur cinq cent mille kilogrammes de sel, que pourra produire l'exploitation;

La solvabilité de leurs associés, ou la leur;

La vanité des oppositions qui leur seront faites;

Enfin, l'intérêt du Trésor pour leur entreprise.

Toute concession ne pourra excéder vingt kilomètres carrés pour une usine de sel, et un kilomètre carré pour une source ou un puits d'eau salée.

Une enceinte en bois entourera l'usine.

Les concessionnaires de mines de sel auront dans chaque fabrique:

Un ou plusieurs magasins destinés au dépôt des sels faqriqués et mis sous la double clef de l'exploitation et des employés;

Un local pour les employés, dont le loyer sera payé par la Régie;

Enfin, des poids et des balances, ainsi que des mesures de capacité.

Les employés sont autorisés à faire toutes les perquisitions voulues.

Tout propriétaire de sources ou puits salés non exploités doit se rappeler que les employés sont autorisés à réprimer toute extraction, formation partielle et frauduleuse de sel.

Les sels destinés à la nourriture des bestiaux sont dénaturés et livrés, sans paiement des droits.

Mais la franchise des droits n'est accordée que pour les sels destinés à l'agriculture.

Ceux employés dans les industries en sont exclus.

CHAPITRE VI.

IMPOTS DIVERS

---

1. — *Fabricants de bougies et de produits similaires. Acide stéarique.*

La loi impose, comme bougie stéarique,

7

tous les mélanges ou composés factices d'acide stéarique et d'autres substances

Les chandelles de suif dont la mèche est tissée, tressée ou moulinée, sont imposables.

Celles dont la mèche est à fils droits ou parallèles ne le sont pas.

En cas de contestation avec la Régie, la décision sera déférée à des experts.

Les simples producteurs de cire qui ne fabriquent ni cierges ni bougies ne sont pas soumis aux visites de la Régie.

Comme la cire, l'acide stéarique est affranchi des droits, quand il est employé, dans leur iudustrie spéciale, par les industriels suivants :

Les mouleurs ;
Les sculpteurs ;
Les tanneurs ;
Les fabricants de bâches :
Les fabricants de tentures ;
Les fabricants de poupées, etc.
Sont exemptes de ce droit :
L'allumette en cire, qui est imposée comme allumette chimique ;
Les mèches dites veilleuses ;

Les pelotes-bougies, appelées rats-de-cave.

Comme les autres assujettis à la Régie, le fabricant dont nous nous occupons en ce moment, doit mettre une enseigne sur son usine.

Il est soumis à la déclaration et à la licence.

Sa déclaration doit indiquer :

1° La nature des produits fabriqués.

2° Le mode de fabrication.

3° La nature et le nombre des appareils.

4° Le nombre et le calibre des moules par appareil.

5° Le nombre et l'espèce des instruments employés pour achever la fabrication et marquer les produits.

6° Enfin, le nombre de jours et des heures de travail par jour.

Comme pour les autres fabricants (*Voir les formalités exigées dans les chapitres précédents*), le fabricant de bougies doit avertir la Régie à chaque modification dans les appareils ou modes de fabrication. (*Voir l'article brasseurs.*)

Visites de la Régie, local ou bureau pour les employés, communications avec les maisons voisines, tout ce qu'il y a enfin d'analogue avec les autres fabricants, leur est applicable.

Si le fabricant de bougies ou cierges, adoptait un système d'emballage, qui, tout en laissant la bougie à découvert, dans l'intérêt de l'acheteur, permit aux employés , d'appliquer les vignettes , la Régie ne s'y opposerait pas.

Le marchand de bougies, comme le marchand de chicorées, ne peut fractionner pour la vente en détail, plus d'un paquet à la fois de chaque type de boîtes ou paquets.

Mais il peut fractionner un paquet de chaque variété, pour son étalage, pour la mise en montre, si la Régie est avertie et si les employés lui marquent d'une vignette spéciale les échantillons.

Le marchand qui expédie des bougies à l'Etranger peut, en prenant licence, avoir crédit de l'impôt intérieur.

Il en est de même de celui qui fournit

l'acide stéarique destiné à d'autres usages que la fabrication de bougies.

Chez ces assujettis les employés peuvent faire leurs exercices quand bon leur semble.

Chez les marchands, dits simples marchands de bougies, ils ne le peuvent qu'accompagnés d'un officier public.

2. — *Fabricants de cartes à jouer.*

Déclaration à la Régie, soumission au paiement d'une licence, sont des formalités à remplir par les fabricants de cartes, comme par les autres assujettis.

Mais cet ordre d'assujettis à la Régie ne peut s'établir que dans les chefs-lieux de département ou d'arrondissement.

Une commission est délivrée à chaque fabricant par la Régie.

Personne, autre que lui, ne peut vendre des cartes neuves soit sous bandes, soit sans bandes.

Personne ne peut vendre des cartes ayant servi.

Personne ne peut vendre, entreposer ou colporter, sous bande ou sans bande des cartes recoupées ou réassorties.

Un registre coté par la Régie sera tenu par le fabricant, pour les ventes qu'il fera soit en détail, soit aux marchands commissionnés.

Le simple marchand de cartes commissionné tiendra deux registres : achats et ventes.

Tous les entrepreneurs et directeurs de bals, fêtes champêtres, réunions, clubs cafés, membres de cercles, de réunions etc., où l'on joue aux cartes, sont soumis aux visites de la Régie.

Le fabricant qui ne pourra justifier de l'emploi ou de l'existence du papier qui leur sera délivré par la Régie, paiera le double du droit établi.

Mais les cartes brisées, détériorées, et représentées en cet état à la Régie, seront déchargées à son compte.

Les employés apposent sur les paquets de cartes une bande à timbre-sec sur laquelle ils mettent encore un nouveau timbre.

Le cartier qui a trop d'ouvrage, une commande trop forte, peut offrir aux employés le concours de ses ouvriers.

Les enveloppes de paquets porteront le nom du cartier.

Tout changement d'enveloppe fera l'objet d'une déclaration.

Les cartes-jouets d'enfants peuvent circuler librement et sans impôts, si leurs dimensions ne dépassent pas cinquante millimètres, sur 36 millimètres, si elles ne sont ni cartonnées, ni lissées, ni passées au cylindre.

3. — Orfèvres, Horlogers, Ajusteurs de pierres fines, Bijoutiers, Joailliers, Armuriers, Graveurs, etc., etc

La Régie est chargée de percevoir le droit de garantie des ouvrages d'or et d'argent, c'est-à-dire les droits de marque et de contrôle.

Tous les ouvrages d'orfèvrerie et d'argenterie fabriqués en France doivent être conformes aux titres prescrits par la loi, respectivement, suivant leur nature.

La garantie du titre des ouvrages et matières d'or ou d'argent est assurée par les poinçons de la Régie.

Ces ouvrages sont aussi marqués du poinçon du fabricant, poinçon gravé selon les goûts de son propriétaire.

Ce dernier peut le faire graver par tel artiste qu'il lui plaira de choisir, en observant les formes et proportions établies par l'administration des monnaies.

Les orfèvres, marchands et fabricants, bijoutiers, horlogers, couteliers, fourbisseurs, armuriers, tabletiers, etc., sont tenus de porter au bureau de garantie, les ouvrages d'or et d'argent, pour y être marqués, sans frais, des poinçons de recense et de contre-marque.

Les objets d'or ou d'argent dont le marques ont disparu par l'usage ne r e cevront pas l'empreinte des poinçons de recense : ils seront soumis de nouveau à l'essai et aux droits, à moins que le possesseur ne préfère les briser.

Les bureaux de garantie seront ouverts au public, pour la recense, tous les jours non fériés.

Pour qu'un objet soit essayé et titré, il doit présenter la marque du poinçon de fabrique, et les pièces qui le composent, secondaires ou principales.

Mais il doit être présenté avant son entier achèvement.

Toute matière à bas titre, introduite dans l'objet sans nécessité pour la fabrication, ne peut occasionner la saisie dans l'atelier de l'orfèvre, mais seulement dans les bureaux de la garantie, au moment de la présentation à l'essayeur.

Quand ce dernier trouve une trop grande différence de titre entre les parties et le corps principal d'une pièce, il peut briser l'objet.

Mais il ne doit le briser qu'en présence

du propriétaire, qui peut réclamer un second essai.

En cas de contestation, l'objet essayé est envoyé à l'administration des monnaies : la partie qui succombe paie les frais de transport et d'essai.

Les droits seront restitués pour les objets exportés.

Mais ces objets restent grevés du droit d'essai.

Les fabricants, négociants et marchands en gros de matières d'or et d'argent, patentés, pourront avoir des objets marqués du poinçon d'exportation.

Ils seront dispensés des droits de garantie en justifiant la sortie de ces objets, du territoire français.

L'orfèvre non fabricant n'est tenu qu'à une simple déclaration à la mairie, pour l'exercice de son métier, et est dispensé d'avoir un poinçon.

4. — *Huiles minérales.* — *Raffineurs et Epurateurs d'huiles minérales.*

Trois tarifs spéciaux sont applicables l'un aux essences, l'autre aux huiles raffinées,le troisième aux huiles brutes.

Une déclaration est prescrite aux fabricants d'huiles ou d'essence de schiste ainsi qu'aux fabricants qui obtiennent ces huiles par l'emploi de matières analogues au schiste.

On désigne sous le nom d'essences toutes les huiles dont la densité n'est pas supérieure à sept cents.

La déclaration exigée des fabricants par la Régie est à peu près conforme à celles des assujettis énoncés dans les trois chapitres précédents.

Les mêmes formalités doivent être remplies.

Nous renvoyons donc à la lecture des chapitres précités.

Une déduction de six pour cent est accordée pour déchets d'évaporation.

5. — *Entrepreneurs de voitures.* — *Roulage et Messageries publiques*

Les entrepreneurs doivent faire leurs déclarations à la préfecture ou à la sous-préfecture.

Une autorisation de circuler leur est délivrée après la vérification de leurs voitures par l'autorité.

Sur le vu de l'autorisation, la Régie délivre.les laissez-passer et les estampilles.

Quand la couleur et la garniture des voitures sont seules changées, la Régie délivre les pièces précitées sans autre autorisation.

Dans le service régulier, indépendamment de la déduction du tiers des places vides, il est fait, sur le montant du produit des places, une déduction d'un dixième, à titre de tolérance pour les pourboires.

La loi n'autorise les employés qu'à assister au chargement : les départs ne peuvent être retardés.

Une voiture ne peut être substituée à une autre sans qu'il soit fait une nouvelle déclaration à la Régie.

Le conducteur doit être muni du laissez-passer.

Tout pourboire purement facultatif, donné par le voyageur à titre de simple gratification au conducteur ou au postillon, n'est pas soumis à l'impôt des places s'il est remis spontanément par le voyageur lui-même.

Toute voiture qui ne sort pas d'un rayon de quinze kilomètres, dans un service habituel d'un point à un autre, ne paie qu'un droit fixe.

Mais si l'entrepreneur à qui elle appartient,établit pour aller plus loin,une autre voiture qui coïncide avec la première, il est en contravention.

Les selliers-carrossiers, louant des voitures accidentellement à des particuliers, ou ceux qui donnent à location, leurs chevaux et leurs voitures,mais qui ne les conduisent ni par eux, ni par leurs agents, ne sont tenus ni d'avoir

l'estampille, ni d'être munis d'un laissez-passer.

Les simples particuliers, qui, dans
leurs voitures et avec leurs chevaux,
transportent des voyageurs à prix d'argent,doivent payer les droits,bien qu'ils
ne se livrent à ces transports qu'accidentellement.

Les entrepreneurs peuvent souscrire
à des abonnements avec la Régie.

L'abonnement sera consenti pour l'aller et le retour au siège principal de
l'entreprise.

Mais chez ses assujettis, la Régie
exerce encore plus sa surveillance.

Le nombre des voyageurs déclaré ne
doit pas être dépassé.

Les employés ne peuvent vérifier les
voitures qu'aux entrées et sorties des
villes, les procès-verbaux dressés par
eux quand elles sont en marche, sont
nuls.

Dans les haltes,les stations,les relais,
toute vérification pourra être faite par
eux.

6. — *Fabricants de papier.*

Le droit de fabrication sur les papiers et cartons de toute sorte s'effectue à l'enlèvement ou par voie d'abonnements annuels.

Déclaration, licence, numérotage des cuves et cylindres, déclaration à chaque modification des appareils, sont des formalités analogues à celles des brasseurs ou d'autres fabricants dont il a été question dans les chapitres précédents.

Comme pour les autres assujettis de la Régie, les communications avec les voisins sont interdites.

Un registre leur est fourni par la Régie sur lequel ils inscriront les quantités fabriquées.

Les papiers, dans la fabrique, doivent être lotis par espèce et catégorie.

Les papiers de l'Etranger sont reçus avec le crédit des droits : ceux y expédiés sont affranchis de l'impôt.

Quand le paiement mensuel fait à la Régie, dépasse trois cents francs, le fabricant peut l'acquitter en une obligation cautionnée à quatre mois de termes.

7. — *Planteurs de tabacs.*

La loi sur la règlementation de la culture des tabacs indigènes dispose que le préfet, après avoir entendu deux des principaux planteurs de tabacs de chaque arrondissement, et d'après l'avis du Directeur des Contributions Indirectes, détermine le mode de déclaration, permission, surveillance, contrôle, décharge, classification, expertise et livraison de la récolte.

La solvabilité des planteurs qui demanderaient à faire des cultures pour l'exportation sera appréciée.

La commission qui accorde les permis de culture se compose :

1° Du Préfet ou de son délégué, président ;

2° Du Directeur de la Régie ;

3° D'un Agent supérieur de la culture des tabacs ;

4° D'un Conseiller général ;

5° D'un Conseiller d'arrondissement;

Ces derniers ne devront pas être planteurs.

Le planteur doit justifier les causes qui produiront les manquants en tabacs.

Les directeurs du service des tabacs transigent sur les sommes pour lesquelles les planteurs sont inscrits au rôle des manquants.

La loi du 28 avril 1816, règlemente les différentes formalités à remplir.

Les tabacs livrés par les planteurs sont classés en trois catégories ou qualités.

Cette classification est faite par assimilation avec trois types que forme la commission d'expertise.

8. — Salpêtriers.

L'exploitation du salpêtre est livrée

8

à l'industrie privée dans trente départements.

Tout salpêtrier, commissionné ou non
sera soumis à différentes obligations.

Il devra faire ses déclarations à la
Régie ou dans un bureau de douanes
voisin.

La surveillance des agents des douanes ou des Contributions Indirectes
s'exerce dans un rayon de quinze kilomètres des salpêtreries.

Toute introduction dans une raffinerie
ou ses dépendances de matières salifè-
res autres que des sels neufs ou sels
impurs proprement dits, est interdîte.

Les vérifications faites par les agents
de l'Etat seront à la charge et aux frais
des propriétaires ou gérants.

La production du sel est près des deux
tiers de celle du salpêtre.

9. — *Fabricants de soude.*

Les sels destinés aux fabriques de
soude sont délivrés en franchise.

Ces fabriques sont soumises à une surveillance permanente.

Elles doivent posséder un local, un bureau, un mobilier, des appartements chauffés et éclairés, pour les employés.

Elles versent une redevance annuelle dont le montant est fixé à trente centimes par cent kilogrammes de sel.

Les employés des douanes surveillent spécialement ces usines.

Ils livrent au fur et à mesure des besoins de la fabrication les sels nécessaires au fabricant.

Ils ont libre accès à toute heure du jour et de nuit dans les magasins et ateliers de la fabrique.

10.— Bateliers, Fermiers de bacs et de ponts à péage.

Les receveurs de navigation intérieure sont tenus de réclamer des bateliers venant à leur bureau pour lever des expéditions, la représentation de leur patente.

Le procès-verbal de jaugeage à représenter par les bateliers sera visé
chaque année par le premier receveur
de navigation qui requerra la représentation de la patente.

Les maîtres de ponts ou de pertuis ne
peuvent monter ou descendre aucun bateau sans s'être fait représenter la quit-
tance des droits de navigation.

Les bureaux de navigation doivent
être ouverts tous les jours sans exception

Les bateaux vides et les bateaux pê-
cheurs portant exclusivement des objets
de pêche sont exempts des droits.

Tout jaugeage de bateaux sera fait par
la Régie, en présence du propriétaire
et du conducteur du bateau.

Des contre-vérifications peuvent être
faites par la Régie.

La Régie perçoit aussi les droits sur
les passages d'eau appartenant à l'Etat.

Les cautionnements des fermiers sont
débattus par ses directeurs avec le concours des préfets.

Les préposés de bacs, ou préposés au passage doivent être pourvus de certificats qu'ils représenteront aux employés de la Régie.

La gendarmerie peut aussi surveiller l'exécution des règlements sur la police des bacs et bateaux de passage.

Si un passage est supprimé, le fermier ne peut demander que la résiliation du bail.

Cette demande peut être faite, s'il y a, tout près du bac ou du pont à péage, un autre bac ou pont particulier.

CHAPITRE VII.

DÉBITS DE TABACS, GÉRANCES ET RECETTES BURALISTES

Les fonctions de débitant de tabacs et de poudres ne peuvent être cumulées avec celles de percepteurs des contributions directes.

Il y a aussi exclusion pour les personnes exerçant une profession qui repousse le public par sa malpropreté, à moins que le tabac ne soit vendu dans un local séparé.

Un débitant de tabacs ne peut être :
Notaire :
Greffier d'un tribunal quelconque ;
Secrétaire de préfecture ou de mairie;
Huissier ;

Agent de police ;
Instituteur ;
Maire ou adjoint.
Le débitant doit gérer personnelle-
ment.

Mais il n'est pas abstreint à être
toujours présent dans son débit, à tenir
lui-même son comptoir.

Il suffit qu'il ne reste pas étranger à
l'exploitation du débit, qu'il assiste les
employés.

Les directeurs de la Régie ne doivent
accorder une nouvelle place à un débit
que pour favoriser la consommation, et
à la condition que le nouveau débit, où
le changement d'un débit, ne portera
pas atteinte aux droits des autres débitants.

Les débitants ne peuvent faire entre
eux des emprunts d'aucune quantité de
tabacs.

Ils doivent éloigner des tabacs tout
ce qui leur ferait contracter une odeur
quelconque.

Ils doivent tenir les petits paquets de

tabacs dans des vases frais et non humides.

Ils sont tenus de vendre au public des timbres-poste, des cartes postales et des timbres mobiles de dix centimes pour quittances, reçus, etc.

Les receveurs buralistes qui sont en même temps débitants de tabacs doivent surtout se bien pénétrer de ces obligations.

Le receveur buraliste doit tenir son bureau ouvert depuis le lever du soleil jusqu'au coucher, les jours ouvrables seulement.

Tout particulier qui exigerait une expédition durant un de ces jours, et qui éprouverait un refus devrait faire constater le refus.

L'administration recommande pourtant aux buralistes de faciliter le commerce, en délivrant des expéditions soit avant le lever, soit après le coucher du soleil, soit les jours de dimanche et de fête, lorsqu'ils se trouvent chez eux et qu'il n'y a aucun obstacle qui les en empêche.

Les receveurs buralistes sont payés à raison du nombre effectif des expéditions qu'ils délivrent, avec ou sans paiement du droit de timbre.

On y comprendra les expéditions délivrées d'un arrêté à l'autre, les enregistrements qui donnent lieu simultanément à la perception des droits généraux et des droits locaux.

Il n'y aura d'exceptions que pour quelques quittances de droits locaux.

Il est accordé, comme remises, aux buralistes :

1° Douze centimes et demi par expédition, pour les cinq cents premières qu'il délivrera;

2° Dix centimes, pour les cinq cents autres;

3° Neuf centimes, pour les mille suivantes;

4° Sept centimes, pour les mille autres;

5° Six centimes pour les mille qui suivent;

6° Cinq centimes, pour les trois mille suivantes ; .

7° Quatre centimes, pour les trois mille autres ;

8° Trois centimes, pour les cinq mille qui viennent après ;

Et 9° deux centimes et demi pour toutes les autres expéditions.

Quand le traitement d'un receveur buraliste est jugé insuffisant, l'administration peut accorder une indemnité.

Cette indemnité est surtout accordée à ceux qui auraient une rétribution moindre de cinquante francs.

Mais elle peut être accordée parfois à ceux dont la rétribution est supérieure à ce taux.

CHAPITRE VIII.

OCTROIS

Quand les revenus d'une commune sont insuffisants pour ses dépenses, le conseil municipal peut y établir des droits d'octroi sur les consommations.

La Régie concourt à la régularisation des droits d'octroi.

La surveillance en appartient cependant, de droit, aux Maires.

Tout conducteur ou porteur d'objets de consommation doit exhiber aux préposés les lettres de voiture ou connaissements qui lui ont été délivrés.

Il doit leur représenter les expéditions délivrées par la Régie.

Les préposés peuvent faire toutes les

visites nécessaires à leur vérification sur les voitures ou chargements.

Ils assistent au déchargement dans les bureaux des voitures, dans les gares de chemins de fer ou sur les quais des ports ou canaux.

Les employés d'octroi ont pour principal chef, un employé supérieur qui dépend directement de la Régie.

Cet agent porte le nom de préposé en chef.

Il y en a un dans toutes les communes où les produits annuels dépassent vingt-mille francs.

Son traitement est fixé par le Ministre.

Sa nomination est attribuée au Préfet.

Il surveille la manière dont s'exécutent les règlements.

Il suit particulièrement la comptabilité concernant la caisse de retraite des employés.

Les préposés secondaires, agents inférieurs, sont nommés par les Sous-Préfets.

Ces préposés, si la durée de l'octroi dont ils sont les agents est fixée, limitée par un décret, ne peuvent pas compter sur le maintien de leur emploi, au-delà du terme de l'octroi.

Mais, dans les autres cas, les employés d'octroi supprimés sans avertissement en temps utile, peuvent réclamer judiciairement une indemnité à la commune.

Ils peuvent porter l'affaire devant les tribunaux civils.

Béziers, Imp. RIVIÈRE, rue de la Citadelle, 5.

www.ingramcontent.com/pod-product-compliance
Lightning Source LLC
Chambersburg PA
CBHW052221270326
41931CB00011B/2431